| | |
|---|---|
| eskola - школа | 2 |
| bidaia - путешествие | 5 |
| garraioa - транспорт | 8 |
| hiria - город | 10 |
| paisaia - ландшафт | 14 |
| jatetxea - ресторан | 17 |
| supermerkatua - супермаркет | 20 |
| edariak - напитки | 22 |
| janaria - еда | 23 |
| baserria - ферма | 27 |
| etxea - дом | 31 |
| egongela - гостиная | 33 |
| sukaldea - кухня | 35 |
| bainugela - ванная комната | 38 |
| haurren gela - детская комната | 42 |
| arropa - одежда | 44 |
| bulegoa - офис | 49 |
| ekonomia - экономика | 51 |
| lanbideak - профессии | 53 |
| tresnak - инструменты | 56 |
| musika tresnak - музыкальные инструменты | 57 |
| zoologikoa - зоопарк | 59 |
| kirolak - спорт | 62 |
| jarduerak - действия | 63 |
| familia - семья | 67 |
| gorputza - тело | 68 |
| ospitalea - больница | 72 |
| larrialdia - неотложный случай | 76 |
| lurra - земля | 77 |
| erlojua - часы | 79 |
| astea - неделя | 80 |
| urtea - год | 81 |
| formak - формы | 83 |
| koloreak - цвета | 84 |
| aurkakoak - противоположности | 85 |
| zenbakiak - цифры | 88 |
| hizkuntzak - языки | 90 |
| nor / zer / nola - кто / что / как | 91 |
| non - где | 92 |

Impressum
Verlag: BABADADA GmbH, Nedderfeld 112 , 22529 Hamburg
Geschäftsführer / Verlagsleitung: Harald Hof
Druck: Books on Demand GmbH, In de Tarpen 42, 22848 Norderstedt

Imprint
Publisher: BABADADA GmbH, Nedderfeld 112 , 22529 Hamburg, Germany
Managing Director / Publishing direction: Harald Hof
Print: Books on Demand GmbH, In de Tarpen 42, 22848 Norderstedt, Germany

# eskola
## школа

Classroom scene labels:
- zatitu — делить
- arbela — доска
- ikasgela — классная комната
- jolastokia — школьный двор
- irakaslea — учитель
- papera — бумага
- boligrafoa — ручка
- mahaia — письменный стол
- erregela — линейка
- liburua — книга
- idatzi — писать
- ikaslea — ученик

palasa

ранец

estutxea

пенал

arkatza

карандаш

zorrozkailua

точилка

borragoma

ластик

marrazketa-koadernoa

альбом для рисования

marrazkia
рисунок

pintzela
кисточка

margoen kaxa
коробка красок

guraizeak
ножницы

kola
клей

ariketa liburua
тетрадь

etxeko lanak
домашняя работа

zenbakia
цифра

gehitu
прибавлять

kendu
вычитать

biderkatu
умножать

kalkulatu
считать

gutuna
буква

alfabetoa
алфавит

hitza
слово

eskola - школа

testua
текст

irakurri
читать

klariona
мел

ikasgaia
урок

kalkulagailua
классный журнал

azterketa
экзамен

ziurtagiria
диплом

uniformea
школьная форма

hezkuntza
образование

entziklopedia
энциклопедия

unibertsitatea
университет

mikroskopioa
микроскоп

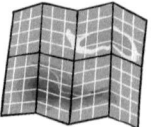

mapa
карта

zakarrontzia
корзина для бумаг

# bidaia
# путешествие

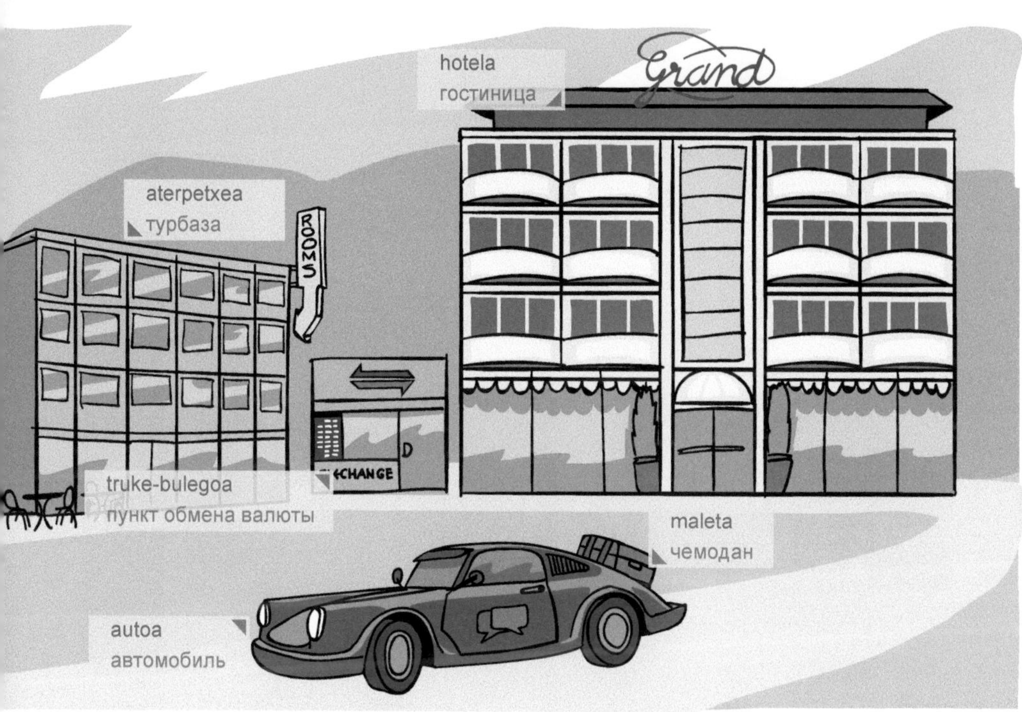

hotela
гостиница
Grand
aterpetxea
турбаза
ROOMS
EXCHANGE
truke-bulegoa
пункт обмена валюты
maleta
чемодан
autoa
автомобиль

hizkuntza

язык

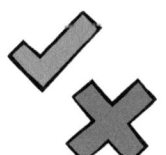

bai / ez

да / нет

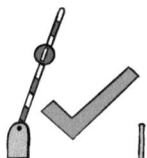

ados

хорошо

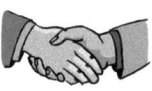

kaixo

Привет

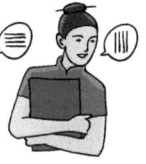

itzultzailea

переводчик

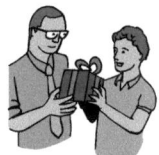

Eskerrik asko

Спасибо

zenbat da …?
Сколько стоит…?

Ez dut ulertzen
Я не понимаю

arazoa
проблема

Gabon!
Добрый вечер!

egun on!
Доброе утро!

gabon!
Доброй ночи!

agur
До свидания

norabidea
направление

ekipajea
багаж

poltsa
сумка

motxila
рюкзак

gonbidatua
гость

gela
комната

lo-zakua
спальный мешок

kanpin-denda
палатка

informazio turistikoa

туристическая информация

hondartza

пляж

kreditu txartela

кредитная карточка

gosaria

завтрак

bazkaria

обед

afaria

ужин

tiketa

билет

igogailua

лифт

zigilua

почтовая марка

muga

граница

aduana

таможня

enbaxada

посольство

bisa

виза

pasaportea

паспорт

bidaia - путешествие

# garraioa
# транспорт

hegazkina
самолёт

itsasontzia
корабль

suhiltzaile-kamioia
пожарный автомобиль

autobusa
автобус

kamioia
грузовик

motordun txalupa
моторная лодка

txirrindula
велосипед

autoa
автомобиль

ferria
паром

txalupa
лодка

motoa
мотоцикл

polizia-autoa
полицейский автомобиль

automobila
гоночный автомобиль

auto alokairua
арендованный автомобиль

auto-partekatzea

совместное пользование автомобилями

garabia

буксировочный автомобиль

zabor bilketa

мусоровоз

motorra

двигатель

erregaia

топливо

gasolindegia

заправка

trafiko seinalea

дорожный знак

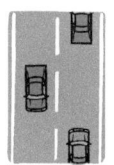

trafikoa

движение

auto-ilara

пробка

aparkalekua

автостоянка

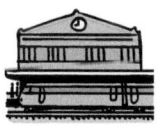

tren geltokia

вокзал

ibilbidea

рельсы

trena

поезд

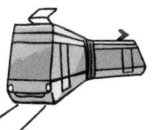

tranbia

трамвай

bagoia

вагон

garraioa - транспорт

helikopteroa
вертолёт

aireportua
аэропорт

dorrea
вышка

bidaiaria
пассажир

edukiontzia
контейнер

kartoia
коробка

orgatila
тележка

saskia
корзина

aireratu / lurreratu
взлетать / приземляться

# hiria
# город

herria
деревня

hiriaren erdigunean
центр города

etxea
дом

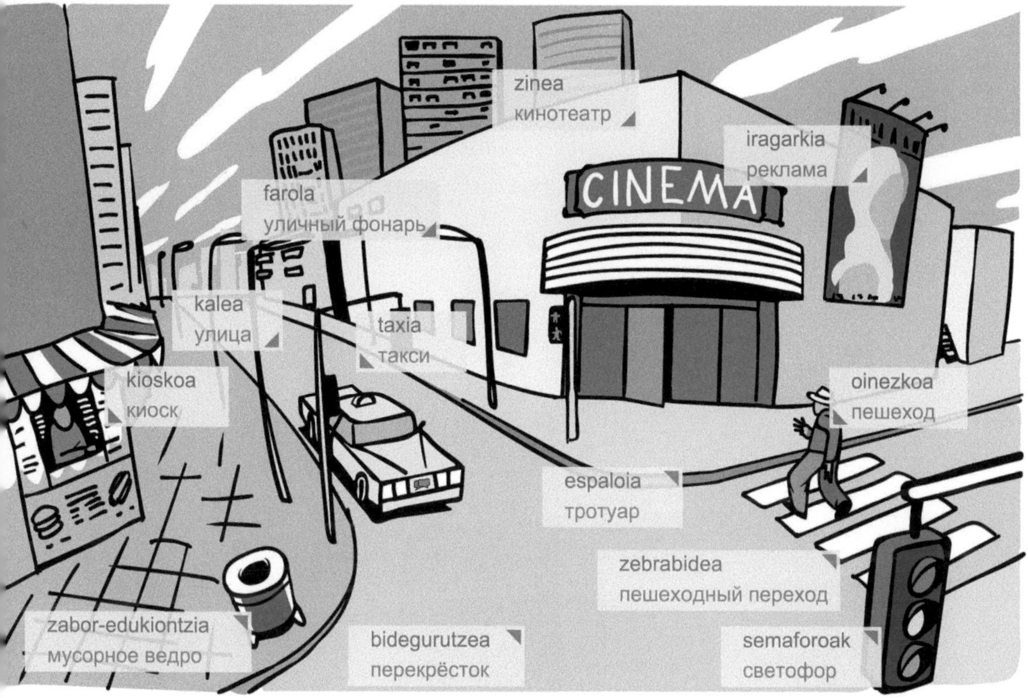

zinea
кинотеатр

iragarkia
реклама

farola
уличный фонарь

kalea
улица

taxia
такси

kioskoa
киоск

oinezkoa
пешеход

espaloia
тротуар

zebrabidea
пешеходный переход

zabor-edukiontzia
мусорное ведро

bidegurutzea
перекрёсток

semaforoak
светофор

etxola

хижина

apartamentua

квартира

tren geltokia

вокзал

udaletxea

ратуша

museoa

музей

eskola

школа

hiria - город

unibertsitatea

университет

bankua

банк

ospitalea

больница

hotela

гостиница

farmazia

аптека

bulegoa

офис

liburu-denda

книжный магазин

denda

магазин

lore-denda

цветочный магазин

supermerkatua

супермаркет

merkatua

рынок

saltoki handiak

универмаг

arrandegia

торговец рыбой

merkataritza-gunea

торговый центр

portua

порт

hiria - город

parkea

парк

bankua

скамейка

zubia

мост

eskailerak

лестница

metroa

метро

tunela

тоннель

autobus geltokia

автобусная остановка

taberna

бар

jatetxea

ресторан

postontzia

почтовый ящик

seinalea

табличка с названием улицы

parkimetroa

паркометр

zoologikoa

зоопарк

igerilekua

бассейн

mezkita

мечеть

hiria - город

baserria
ферма

kutsadura
загрязнение окружающей среды

hilerria
кладбище

eliza
церковь

jolastokia
детская площадка

tenplua
храм

# paisaia
# ландшафт

- hostoa — лист
- norabide zeinua — дорожный указатель
- bidea — дорога
- belardia — луг
- harria — камень
- zuhaitza — дерево
- mendizalea — путешественник
- ibaia — река
- belarra — трава
- lorea — цветок

bailara
долина

muinoa
гора

aintzira
озеро

basoa
лес

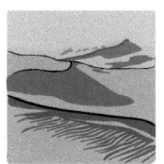

basamortua
пустыня

sumendia
вулкан

gaztelua
замок

ortzadarra
радуга

onddoa
гриб

palmondoa
пальма

eltxoa
комар

eulia
муха

inurria
муравей

erlea
пчела

armiarma
паук

kakalardoa
жук

igela
лягушка

urtxintxa
белка

trikua
еж

erbia
заяц

hontza
сова

txori
птица

beltxarga
лебедь

basurdea
кабан

oreina
олень

altze amerikarra
лось

presa
плотина

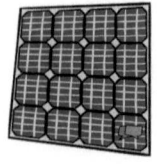

turbina eolikoa
ветряной генератор

eguzki-panela
солнечная батарея

klima
климат

paisaia - ландшафт

# jatetxea
# ресторан

zerbitzaria / официант
menua / меню
aulkia / стул
zopa / суп
pizza / пицца
mahai-tresnak / столовые приборы
mahai-oihala / скатерть

hamaiketakoa
закуска

plater nagusia
главное блюдо

postrea
десерт

edariak
напитки

janaria
еда

botila
бутылка

jatetxea - ресторан    17

janari lasterra
фастфуд

kalean jateko janaria
уличная еда

teontzia
чайник

azukre-ontzia
сахарница

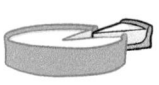

zatia
порция

espresso makina
кофеварка

aulki altua
детский стульчик

faktura
счет

erretilua
поднос

labana
нож

sardexka
вилка

koilara
ложка

koilaratxoa
чайная ложка

ahozapia
салфетка

beira
стакан

jatetxea - ресторан

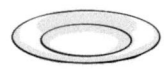

platera

тарелка

plater sakona

суповая тарелка

platertxoa

блюдце

saltsa

соус

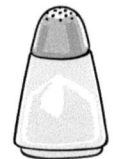

gatzontzia

солонка

piperbeltz errota

мельница для перца

ozpina

уксус

olioa

масло

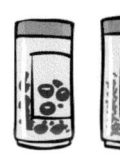

espeziak

специи

ketchupa

кетчуп

mostaza

горчица

maionesa

майонез

# supermerkatua
# супермаркет

eskaintza berezia
специальное предложение

bezeroa
покупатель

esnekiak
молочные продукты

gurdia
тележка для покупок

fruta
фрукты

harategia
мясной магазин

okindegia
пекарня

pisatu
взвешивать

barazkiak
овощи

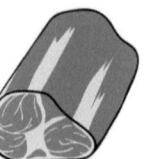

haragia
мясо

janari izoztuak
быстрозамороженные продукты

**supermerkatua - супермаркет**

hestebeteak
нарезка

kontserba
консервы

garbigarri-hautsa
стиральный порошок

gozokia
сладости

etxeko produktuak
предмет домашнего обихода

garbiketa produktuak
моющее средство

saltzailea
продавщица

kutxa erregistratzailea
касса

kutxazaina
кассир

erosketa zerrenda
список покупок

ordutegia
время работы

diru-zorroa
бумажник

kreditu txartela
кредитная карточка

poltsa
сумка

plastikozko poltsa
полиэтиленовый пакет

supermerkatua - супермаркет

# edariak
## напитки

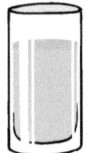
ura
вода

zukua
сок

esnea
молоко

kokakola
кока-кола

ardoa
вино

garagardoa
пиво

alkohola
алкоголь

txokolate beroa
какао

tea
чай

kafea
кофе

espresso kafea
эспрессо

caputxinoa
капучино

# janaria
# еда

banana
банан

sagarra
яблоко

laranja
апельсин

meloia
арбуз

limoia
лимон

azenarioa
морковь

baratxuria
чеснок

banbua
бамбук

tipula
лук

perretxikua
гриб

intxaurrak
орехи

fideoak
лапша

espagetiak
спагетти

arroza
рис

entsalada
салат

patata frijituak
картофель фри

patata frijituak
жареный картофель

pizza
пицца

hanburgesa
гамбургер

sandwicha
сэндвич

xerra
шницель

urdaiazpikoa
ветчина

salami
салями

saltxitxa
колбаса

oilaskoa
курица

haragi errea
жаркое

arraina
рыба

janaria - еда

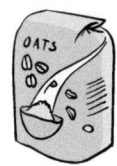

olo-malutak

овсяные хлопья

mueslia

мюсли

arto-malutak

кукурузные хлопья

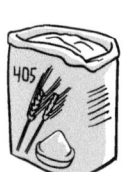

irina

мука

croissanta

круассан

ogi-opila

булочка

ogia

хлеб

ogi xigortua

тост

gailetak

печенье

gurina

масло

mamia

творог

pastela

пирог

arrautza

яйцо

arrautza frijitua

яичница

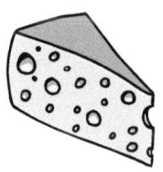

gazta

сыр

janaria - еда

| izozkia | azukrea | eztia |
| --- | --- | --- |
| мороженое | сахар | мёд |

| mermelada | txokolatezko krema | currya |
| --- | --- | --- |
| мармелад | крем с нугой | карри |

# baserria
# ферма

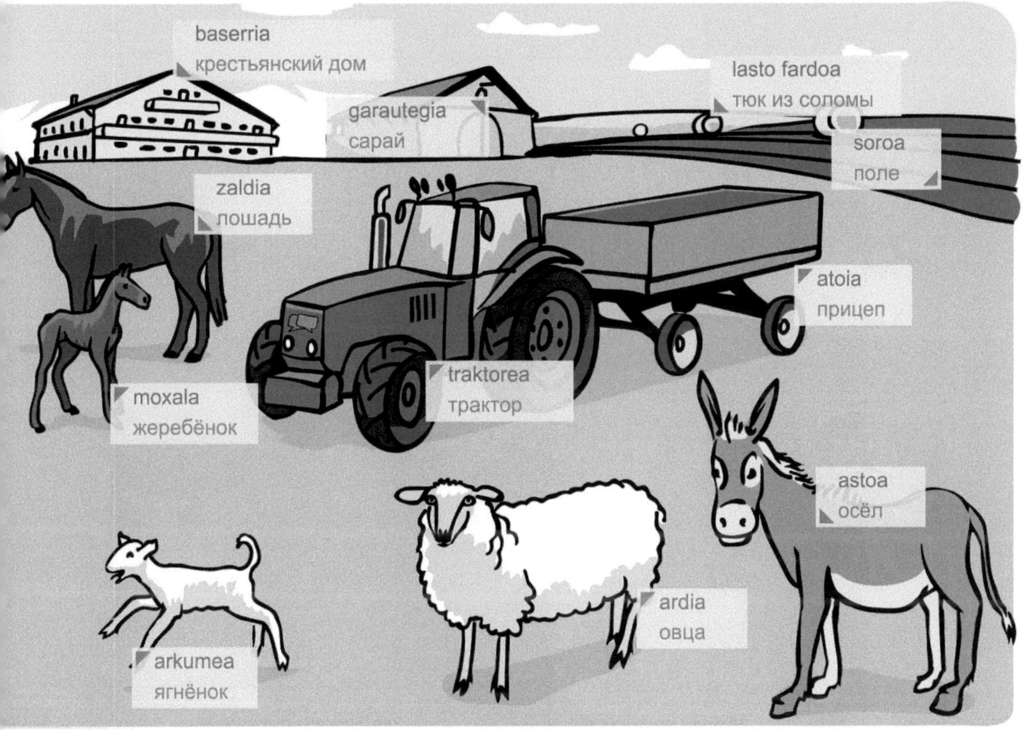

baserria — крестьянский дом
garautegia — сарай
lasto fardoa — тюк из соломы
soroa — поле
zaldia — лошадь
atoia — прицеп
moxala — жеребёнок
traktorea — трактор
astoa — осёл
arkumea — ягнёнок
ardia — овца

ahuntza

коза

behia

корова

txahala

телёнок

txerria

свинья

txerrikumea

поросёнок

zezena

бык

antzara
гусь

ahatea
утка

txita
цыплёнок

oiloa
курица

oilarra
петух

arratoia
крыса

katua
кошка

sagua
мышь

idia
вол

txakurra
собака

txakurraren etxola
конура

mahuka
садовый шланг

garaztailua
лейка

sega
коса

goldea
плуг

baserria - ферма

igitaia
серп

aitzurra
мотыга

sardea
навозные вилы

aizkora
топор

eskorga
тачка

aska
корыто

esneontzia
бидон для молока

zakua
мешок

hesia
забор

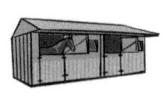
ikuilua
хлев

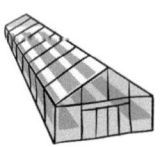
berotegia
теплица

lurzorua
почва

hazia
посев

ongarria
удобрение

uztamakinak
комбайн

baserria - ферма

uztatu
собирать урожай

uzta
урожай

ñamea
ямс

garia
пшеница

soja
соя

patata
картофель

artoa
кукуруза

koltza
рапс

fruta zuhaitz
фруктовое дерево

manioka
маниок

zerealak
злаки

baserria - ферма

# etxea
# дом

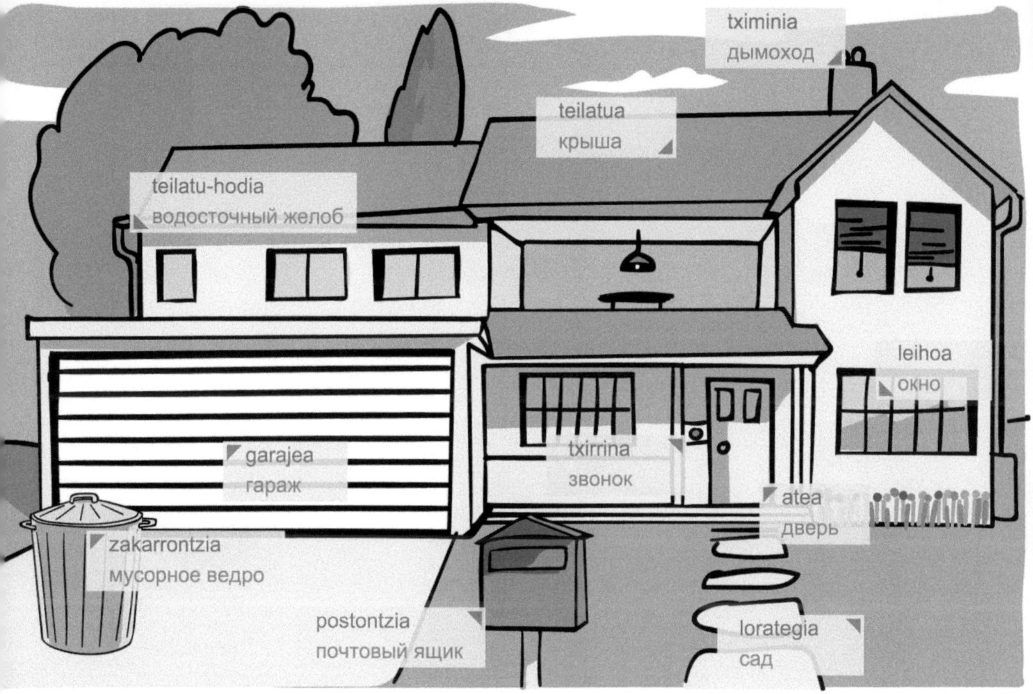

- tximinia / дымоход
- teilatua / крыша
- teilatu-hodia / водосточный желоб
- leihoa / окно
- garajea / гараж
- txirrina / звонок
- atea / дверь
- zakarrontzia / мусорное ведро
- postontzia / почтовый ящик
- lorategia / сад

**egongela**
гостиная

**bainugela**
ванная комната

**sukaldea**
кухня

**logelak**
спальня

**haurren gela**
детская комната

**jangela**
столовая

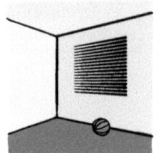
solairua
пол

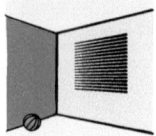
horma
стена

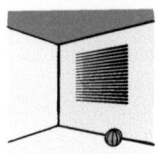
sabaia
потолок

sotoa
подвал

sauna
сауна

balkoia
балкон

terraza
терраса

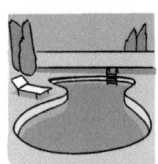
igerilekua
бассейн

belarra mozteko makina
газонокосилка

izara
пододеяльник

ohe-estalkia
покрывало

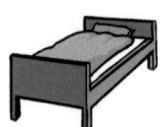
ohea
кровать

erratza
метла

ontzia
ведро

etengailua
выключатель

etxea - дом

# egongela
# гостиная

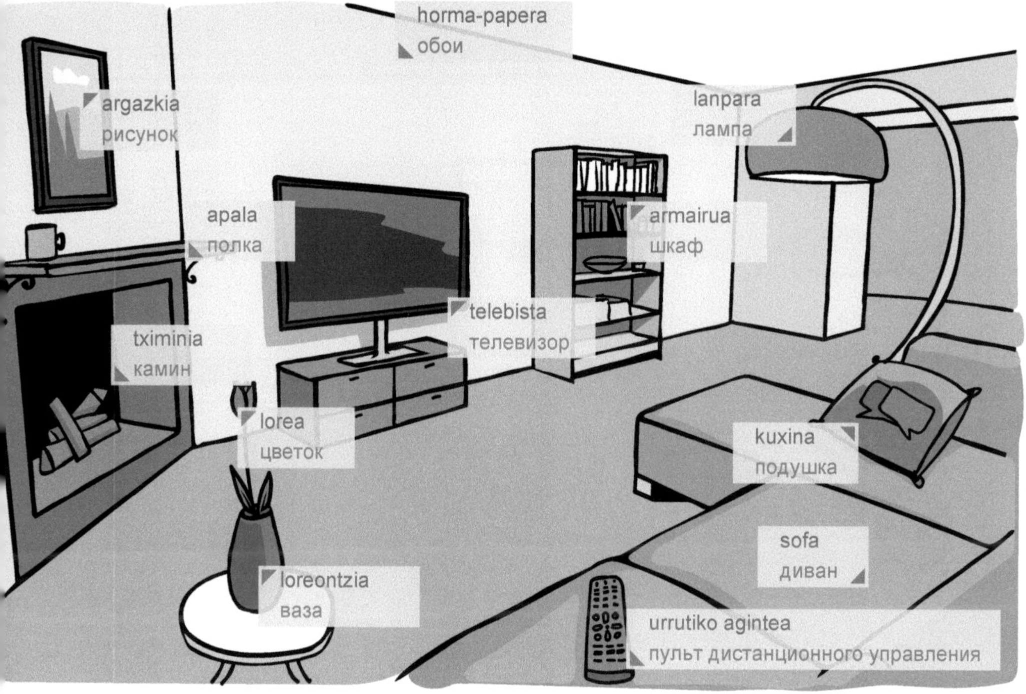

horma-papera / обои
argazkia / рисунок
lanpara / лампа
apala / полка
armairua / шкаф
tximinia / камин
telebista / телевизор
lorea / цветок
kuxina / подушка
loreontzia / ваза
sofa / диван
urrutiko agintea / пульт дистанционного управления

alfonbra
ковёр

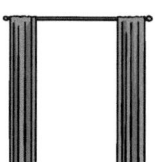

gortina
штора

mahaia
стол

aulkia
стул

kulunkaulkia
кресло-качалка

besaulkia
кресло

liburua
книга

manta
покрывало

apainketa
украшение

egurra
дрова

filma
фильм

musika-katea
стереосистема

giltza
ключ

egunkaria
газета

marrazkia
картина

posterra
плакат

irratia
радио

koadernoa
блокнот

xurgagailua
пылесос

kaktusa
кактус

kandela
свеча

egongela - гостиная

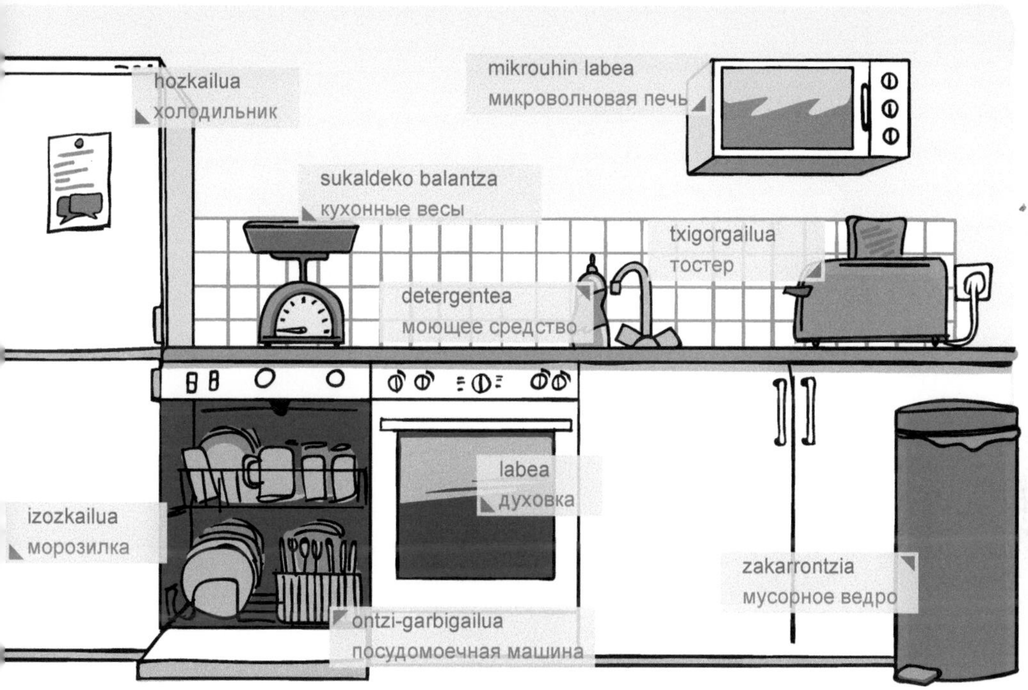

# sukaldea
# кухня

- hozkailua — холодильник
- mikrouhin labea — микроволновая печь
- sukaldeko balantza — кухонные весы
- txigorgailua — тостер
- detergentea — моющее средство
- labea — духовка
- izozkailua — морозилка
- zakarrontzia — мусорное ведро
- ontzi-garbigailua — посудомоечная машина

presio-eltzea

плита

lapikoa

кастрюля

burdinezko eltzea

чугунный котелок

woka

вок / кадай

zartagina

сковорода

irokinontzia

чайник

bapore-eltzea

пароварка

gozogintza erretilua

противень

baxera

посуда

katilua

кружка

katilua

миска

zotz txinatarrak

палочки для еды

burruntzalia

половник

apar-burruntzalia

лопатка

irabiagailua

сбивалка

iragazkia

сито

bahea

сито

birringailua

тёрка

almaizea

ступка

barbakoa

гриль

sua

костёр

sukaldea - кухня

xehatze-ohola
доска

arrabola
скалка

kortxo-kentzekoa
штопор

lata
жестяная банка

poto-irekitzekoa
консервный нож

eskutrapua
прихватка

konketa
раковина

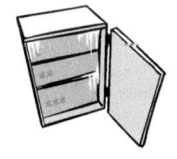
eskuila
щетка

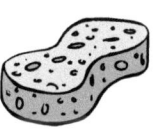
belakia
губка

irabiagailua
миксер

izozkailua
морозильная камера

biberoia
бутылочка для кормления

kanila
кран

sukaldea - кухня

# bainugela
## ванная комната

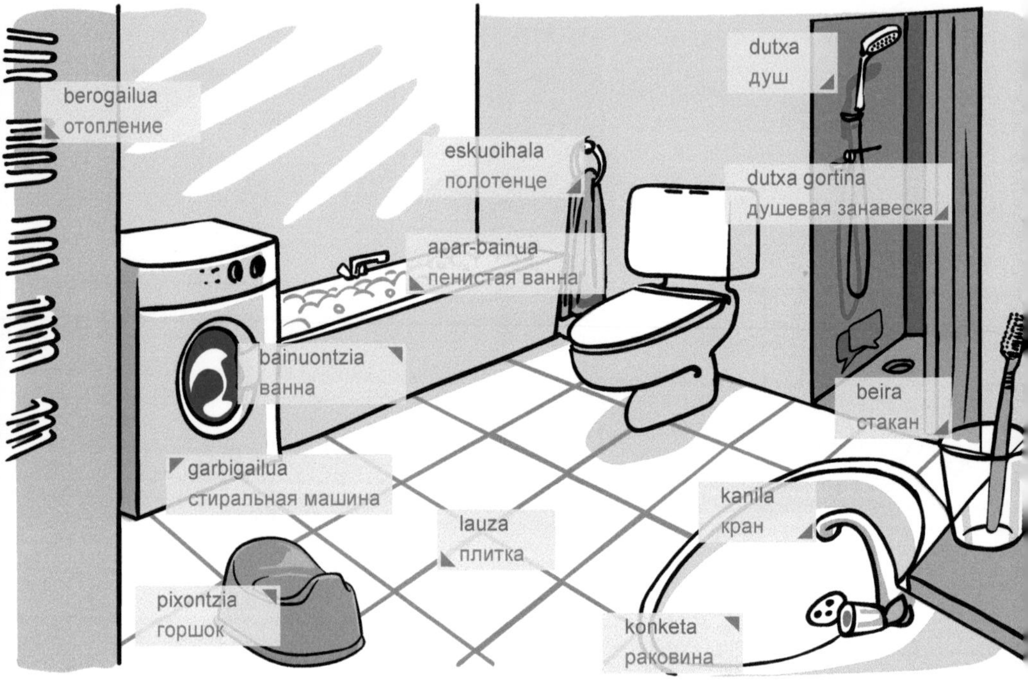

- dutxa — душ
- berogailua — отопление
- eskuoihala — полотенце
- dutxa gortina — душевая занавеска
- apar-bainua — пенистая ванна
- bainuontzia — ванна
- beira — стакан
- garbigailua — стиральная машина
- kanila — кран
- lauza — плитка
- pixontzia — горшок
- konketa — раковина

komuna

туалет

komun turkiarra

напольный унитаз

bideta

биде

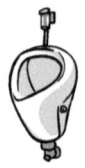

pixalekua

писсуар

komuneko papera

туалетная бумага

komuneko eskuila

ершик

hortzetako eskuila

зубная щетка

hortzetako pasta

зубная паста

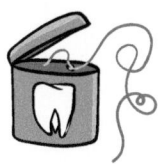

hortzetako haria

зубная нить

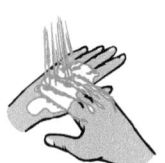

garbitu

мыть

eskuko dutxa

ручной душ

dutxa

интимный душ

aska

таз

bizkar-eskuila

щетка для спины

xaboia

мыло

dutxako xaboia

гель для душа

xanpua

шампунь

franela

мочалка

hustubidea

сток

krema

крем

desodorantea

дезодорант

bainugela - ванная комната

ispilua
зеркало

eskuko ispilu
ручное зеркало

bizar-aitzurra
бритва

bizarra mozteko aparra
пена для бритья

bizar-lozioa
лосьон после бритья

orrazia
расческа

eskuila
щетка

ile-lehorgailua
фен

laka
лак для волос

makilajea
косметика

ezpainetakoa
губная помада

azkazal-berniza
лак для ногтей

kotoia
вата

azkazal-moztekoa
маникюрные ножницы

lurrina
духи

bainugela - ванная комната

arropa saskia
косметичка

aulkia
табуретка

baskula
весы

bainu-bata
халат

gomazko eskularruak
резиновые перчатки

tanpoia
тампон

konpresa
гигиеническая прокладка

komun kimikoa
биотуалет

bainugela - ванная комната

# haurren gela

# детская комната

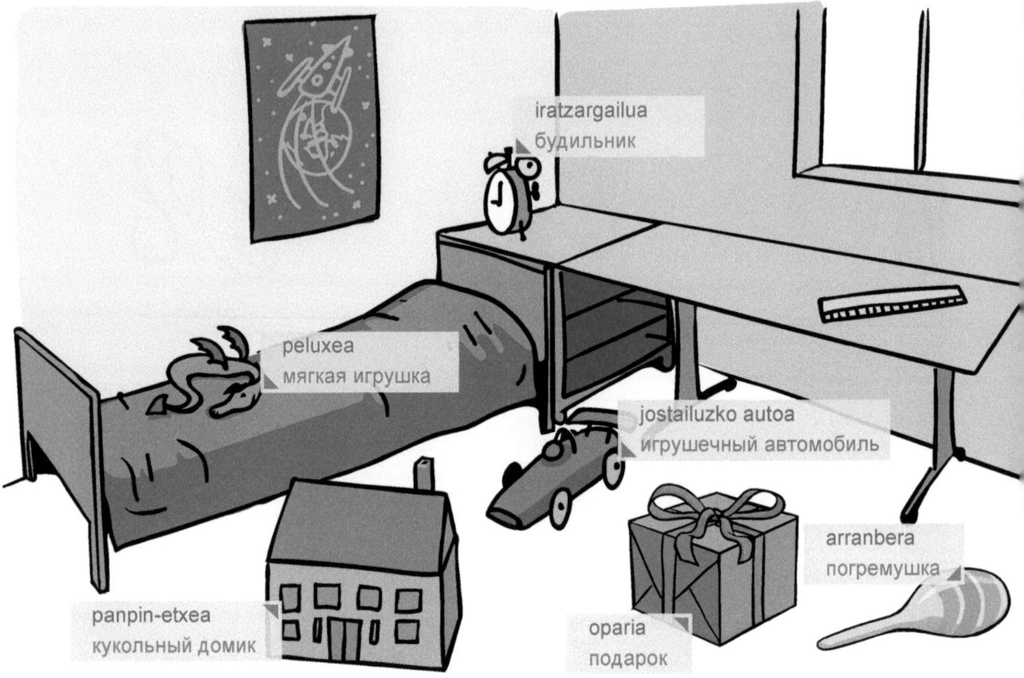

iratzargailua
будильник
peluxea
мягкая игрушка
jostailuzko autoa
игрушечный автомобиль
arranbera
погремушка
panpin-etxea
кукольный домик
oparia
подарок


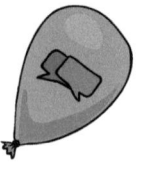

puxika

воздушный шар

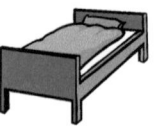

ohea

кровать

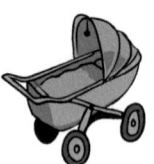

haur-kotxea

детская коляска

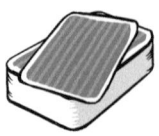

karta-sorta

карточная игра

puzzlea

пазл

SUPER
MEGA


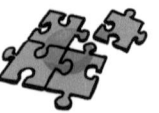

komikia

комикс

lego piezak

кирпичики Лего

eraikitzeko blokeak

кубики

superheroi-panpina

игрушечная фигурка

body-a

ползунки

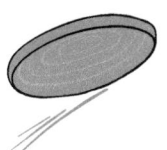

frisbia

фрисби

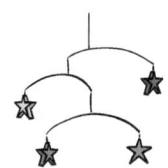

mugikaria

мобиле

mahai-jokoa

настольная игра

dadoa

кубик

jostailuzko trena

модель железной дороги

txupetea

соска

festa

вечеринка

argazki-albuma

книга с картинками

balioa

мяч

panpina

кукла

jolastu

играть

haurren gela - детская комната

hondar-kutxa

песочница

zabua

качели

jostailuak

игрушка

bideo-jokoen kontsola

игровая приставка

trizikloa

трёхколесный велосипед

peluxe-hartza

плюшевый медвежонок

armairua

шкаф для одежды

## arropa
## одежда

galtzerdiak

носки

galtzerdi luzeak

чулки

pantiak

колготки

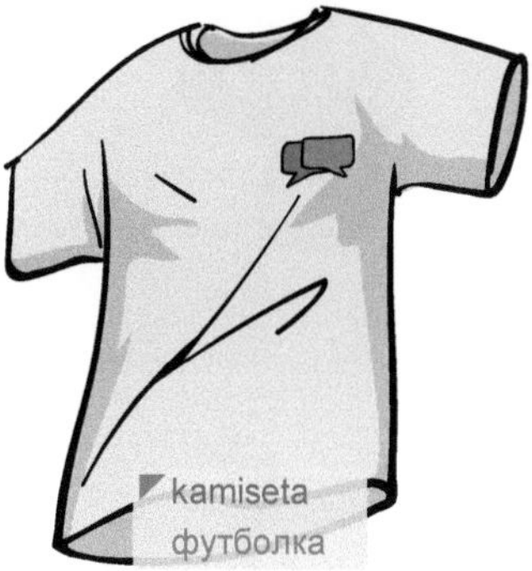

zapia
шарф

gerrikoa
ремень

aterkia
зонтик

kamiseta
футболка

kirol-oinetakoak
кроссовки

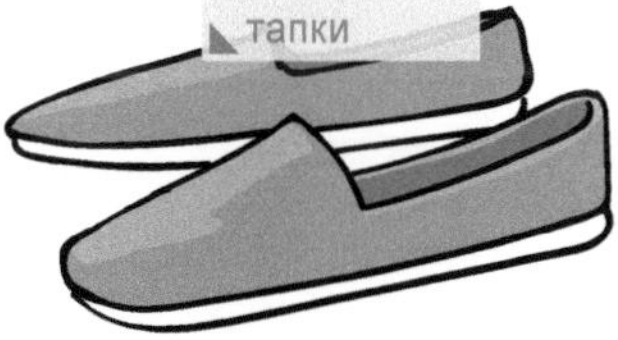

oinetakoak
сапоги

txapinak
тапки

sandaliak
сандалии

oinetakoak
ботинки

gomazko botak
резиновые сапоги

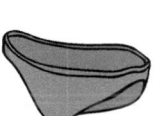

eslipa
трусы

bularretakoa
бюстгальтер

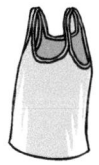

kamiseta
майка

arropa - одежда

gorputza
боди

galtzak
брюки

galtza bakeroak
джинсы

gona
юбка

blusa
блузка

alkandora
рубашка

jertsea
свитер

jertsea
свитер

jaka
спортивная куртка

jaka
жакет

berokia
пальто

zira
плащ

trajea
костюм

soinekoa
платье

ezkontza soinekoa
свадебное платье

trajea
мужской костюм

kamisoia
ночная сорочка

pijama
пижама

saria
сари

zapia
платок

turbantea
тюрбан

burka
паранджа

kaftana
кафтан

abaya
абайя

bainujantzia
купальник

gizonezkoen bainujantzia
плавки

galtzamotzak
шорты

txandala
спортивный костюм

mantala
фартук

eskularruak
перчатки

arropa - одежда

botoia
пуговица

betaurrekoak
очки

eskumuturrekoa
браслет

lepokoa
цепочка

eraztuna
кольцо

belarritakoa
серьга

bisera
шапка

esekigailua
вешалка

kapela
шляпа

gorbata
галстук

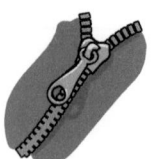

kremailera
застежка молния

kaskoa
шлем

galtza-uhalak
подтяжки

uniformea
школьная форма

uniformea
форма

arropa - одежда

**lerde-zapi**
детский нагрудник

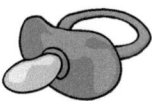

**txupetea**
соска

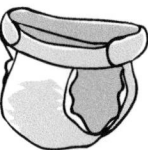

**pixoihala**
подгузник

# bulegoa
# офис

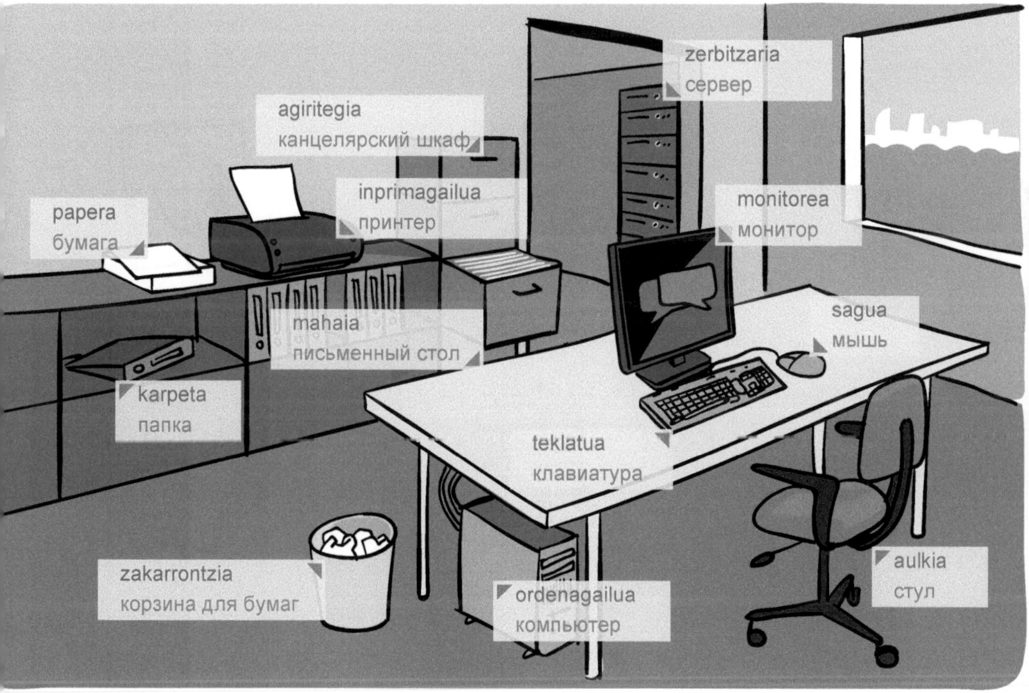

zerbitzaria
сервер

agiritegia
канцелярский шкаф

inprimagailua
принтер

monitorea
монитор

papera
бумага

mahaia
письменный стол

sagua
мышь

karpeta
папка

teklatua
клавиатура

zakarrontzia
корзина для бумаг

ordenagailua
компьютер

aulkia
стул

**kafe katilua**
кофейная кружка

**kalkulagailua**
калькулятор

**internet**
интернет

bulegoa - офис

ordenagailu eramangarria — ноутбук

gutuna — письмо

mezua — сообщение

mugikorra — мобильный телефон

sarea — сеть

fotokopiagailua — ксерокс

software — программа

telefonoa — телефон

entxufea — розетка

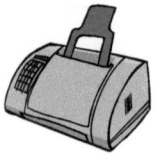
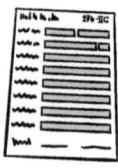

faxa — факс

inprimakia — формуляр

dokumentua — документ

bulegoa - офис

# ekonomia
## экономика

| erosi | ordaindu | salerosi |
|---|---|---|
| покупать | платить | торговать |

| dirua | dolarra | euroa |
|---|---|---|
| деньги | доллар | евро |

| yena | rublea | franko suitzarra |
|---|---|---|
| иена | рубль | франк |

| renminbi yuana | rupia | kutxazaina |
|---|---|---|
| жэньминьби юань | рупия | банкомат |

truke-bulegoa
пункт обмена валюты

urrea
золото

zilarra
серебро

petrolioa
нефть

energia
энергия

prezioa
цена

kontratua
договор

zerga
налог

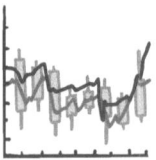
akzioa
акция

lan egin
работать

enplegatua
служащий

enpresaria
работодатель

fabrika
фабрика

denda
магазин

ekonomia - экономика

# lanbideak
# профессии

polizia-agente
милиционер

suhiltzailea
пожарный

sukaldaria
повар

medikua
врач

pilotua
пилот

lorezaina
садовник

arotza
столяр

jostuna
швея

epailea
судья

botikaria
химик

aktorea
актёр

autobus gidaria
водитель автобуса

taxi-gidaria
таксист

arrantzalea
рыбак

garbitzailea
уборщица

sabaigilea
кровельщик

zerbitzaria
официант

ehiztaria
охотник

margolaria
художник

okina
пекарь

elektrikaria
электрик

igeltseroa
строитель

ingeniaria
инженер

harakina
мясник

iturgina
сантехник

postaria
почтальон

lanbideak - профессии

soldadua
солдат

arkitektoa
архитектор

kutxazaina
кассир

lore-saltzailea
флорист

ile-apaintzailea
парикмахер

gidaria
кондуктор

mekanikaria
механик

kapitaina
капитан

dentista
зубной врач

zientzialaria
ученый

rabinoa
раввин

imama
имам

monjea
монах

elizgizona
священник

lanbideak - профессии

# tresnak
## инструменты

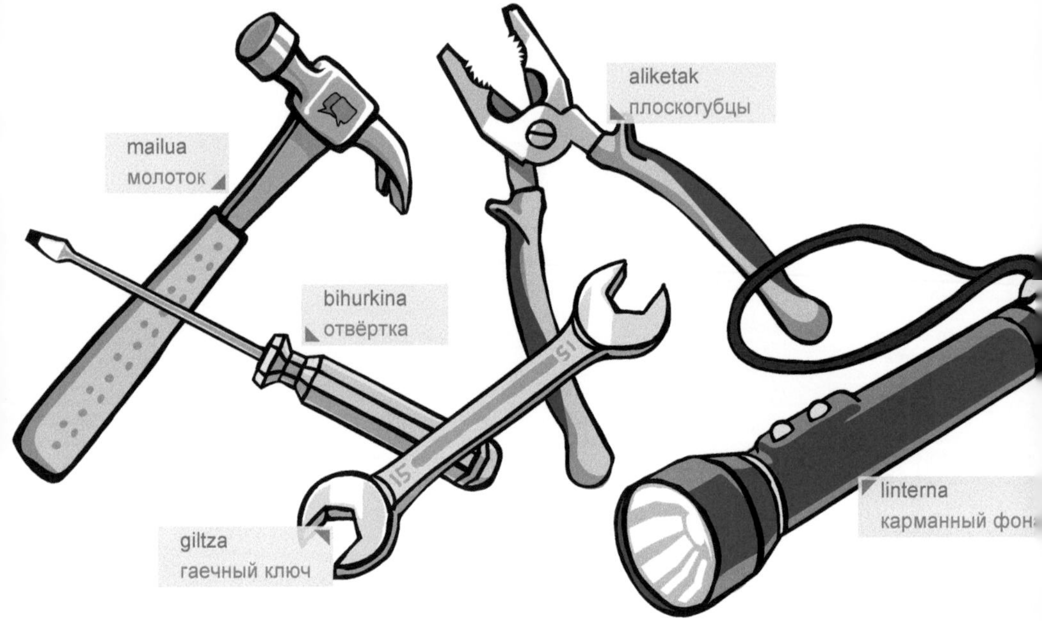

mailua
молоток

aliketak
плоскогубцы

bihurkina
отвёртка

giltza
гаечный ключ

linterna
карманный фон

zulakaria

экскаватор

herraminta-kutxa

ящик для инструментов

eskailera

стремянка

zerra

пила

iltzeak

гвозди

zulagailua

дрель

konpondu
ремонтировать

pala
лопата

Demontre!
Блин!

pala
совок

pintura potea
ведро с краской

torlojuak
винты

## musika tresnak
### музыкальные инструменты

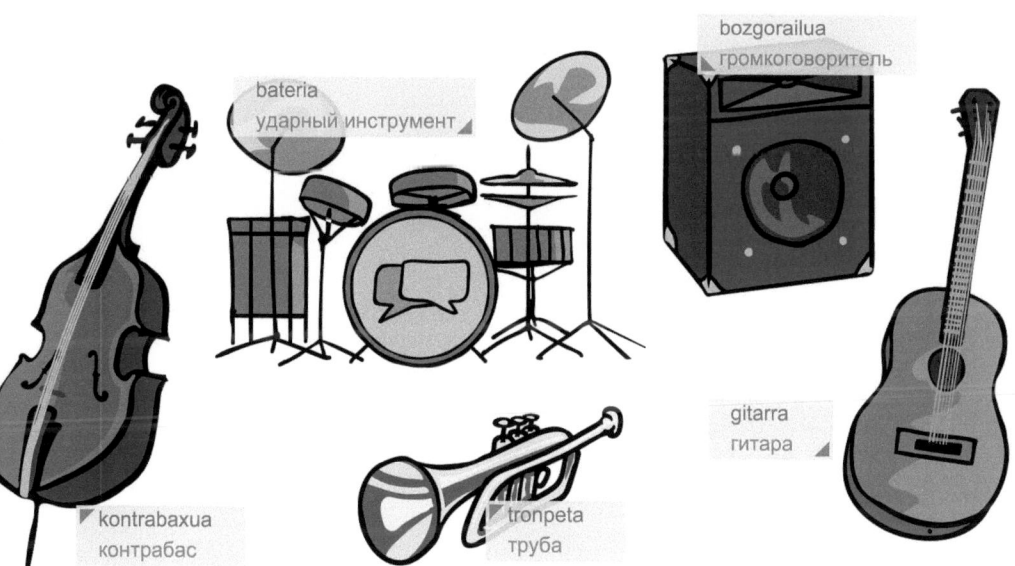

bozgorailua — громкоговоритель
bateria — ударный инструмент
gitarra — гитара
kontrabaxua — контрабас
tronpeta — труба

pianoa

пианино

biolina

скрипка

baxua

бас-гитара

tinbalak

литавры

danborra

барабан

teklatua

синтезатор

saxofoia

саксофон

txirula

флейта

mikrofonoa

микрофон

musika tresnak - музыкальные инструменты

# zoologikoa
# зоопарк

**sarrera** / вход
**tigrea** / тигр
**kaiola** / клетка
**zebra** / зебра
**animalien janaria** / корм
**panda** / панда

animaliak
животные

elefantea
слон

kangurua
кенгуру

errinozeroa
носорог

gorila
горилла

hartza
медведь

gamelua

верблюд

ostruka

страус

lehoia

лев

tximinoa

обезьяна

flamenkoa

фламинго

loroa

попугай

hartz zuria

белый медведь

pinguinoa

пингвин

marrazoa

акула

hegazterrena

павлин

sugea

змея

krokodiloa

крокодил

zoo zaindaria

служитель зоопарка

itsas txakurra

тюлень

jaguarra

ягуар

zoologikoa - зоопарк

ponia
пони

lehoinabarra
леопард

hipopotamoa
бегемот

jirafa
жираф

arranoa
орёл

basurdea
кабан

arraina
рыба

dortoka
черепаха

mortsa
морж

azeria
лиса

gazela
газель

zoologikoa - зоопарк

# kirolak
# спорт

# jarduerak
## действия

salto egin
прыгать

besarkatu
обнимать

barre egin
смеяться

abestu
петь

ibili
идти

otoitz egin
молиться

musu eman
целовать

amestu
мечтать

idatzi
писать

marraztu
рисовать

erakutsi
показывать

bultzatu
нажимать

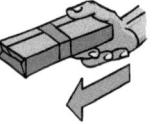

eman
давать

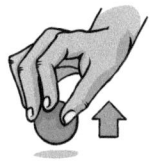

hartu
брать

eduki
иметь

egin
делать

izan
быть

zutik egon
стоять

korrika egin
бежать

tiratu
тянуть

bota
бросать

erori
падать

gezurra esan
лежать

itxaron
ждать

eraman
носить

eseri
сидеть

jantzi
надевать

lo egin
спать

esnatu
просыпаться

jarduerak - действия

begiratu
рассматривать

negar egin
плакать

laztandu
гладить

orraztu
причесывать

hitz egin
говорить

ulertu
понимать

galdetu
спрашивать

entzun
слушать

edan
пить

jan
кушать

txukundu
наводить порядок

maitatu
любить

kozinatu
готовить

gidatu
ехать

hegan egin
летать

jarduerak - действия

nabigatu

ходить под парусом

kalkulatu

считать

irakurri

читать

ikasi

учиться

lan egin

работать

ezkondu

вступать в брак

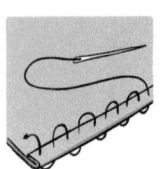

josi

шить

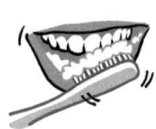

hortzak garbitu

чистить зубы

hil

убивать

erre

курить

bidali

отправлять

jarduerak - действия

# familia
# семья

amona
бабушка

aitona
дедушка

aita
папа

ama
мама

haurtxoa
младенец

alaba
дочь

semea
сын

gonbidatua

гость

izeba

тетя

osaba

дядя

anaia

брат

arreba

сестра

familia - семья

# gorputza
# тело

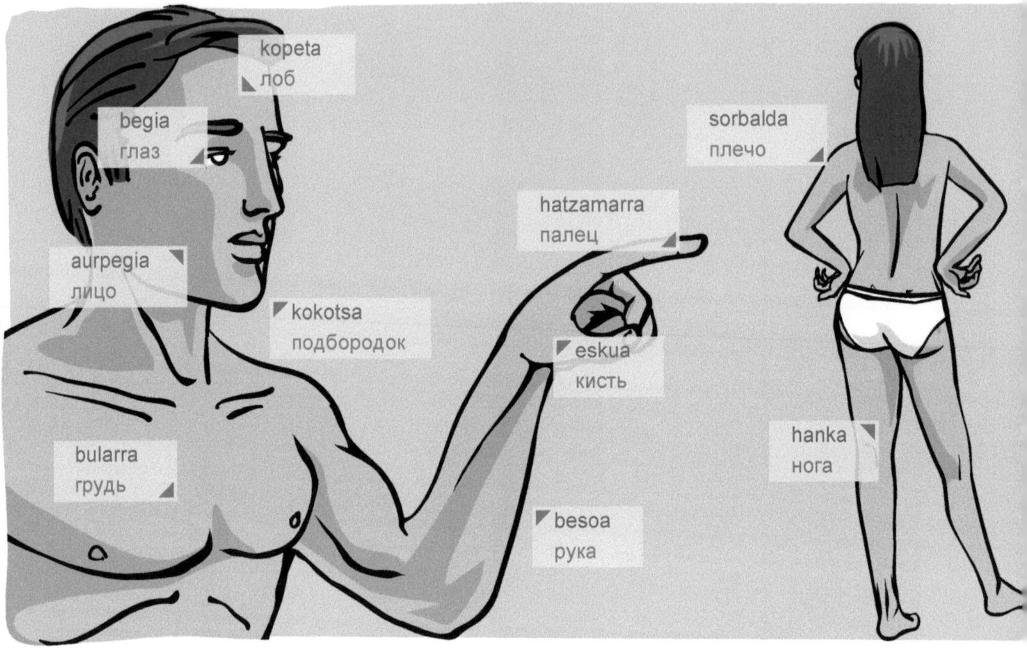

kopeta
лоб

begia
глаз

sorbalda
плечо

hatzamarra
палец

aurpegia
лицо

kokotsa
подбородок

eskua
кисть

bularra
грудь

hanka
нога

besoa
рука

haurtxoa
младенец

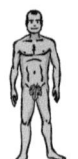

gizona
мужчина

emakumea
женщина

neska
девочка

mutila
мальчик

burua
голова

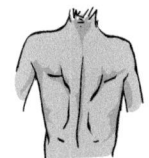

bizkarra

спина

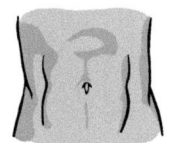

sabela

живот

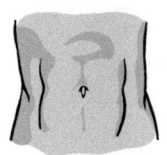

zilborra

пупок

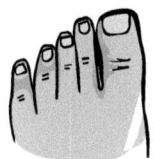

behatza

палец ноги

orpoa

пятка

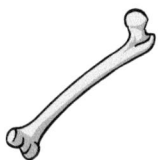

hezurra

кость

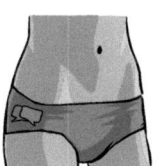

aldaka

бедро

belauna

колено

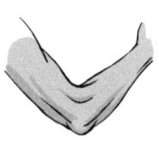

ukondoa

локоть

sudurra

нос

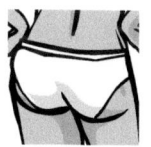

ipurdia

ягодицы

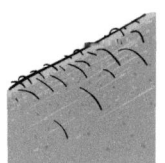

azala

кожа

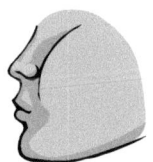

masaila

щека

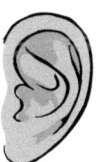

belarria

ухо

ezpaina

губа

ahoa
рот

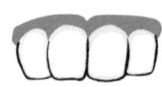

hortza
зуб

mihia
язык

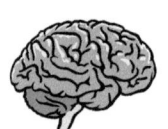

garuna
мозг

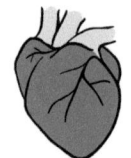

bihotza
сердце

muskulua
мышца

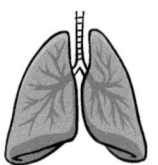

birika
лёгкое

gibela
печень

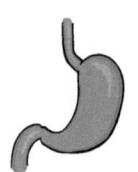

urdaila
желудок

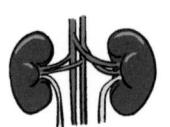

giltzurruna
почки

sexua
половой акт

kondoia
презерватив

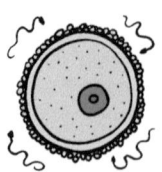

arrautza
яйцеклетка

semena
сперма

haurdunaldia
беременность

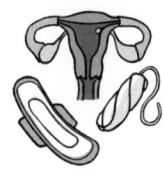
hilerokoa
менструация

bagina
вагина

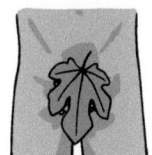
zakil
пенис

bekaina
бровь

ilea
волосы

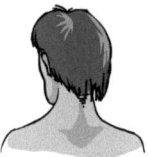
lepoa
шея

gorputza - тело

# ospitalea
# больница

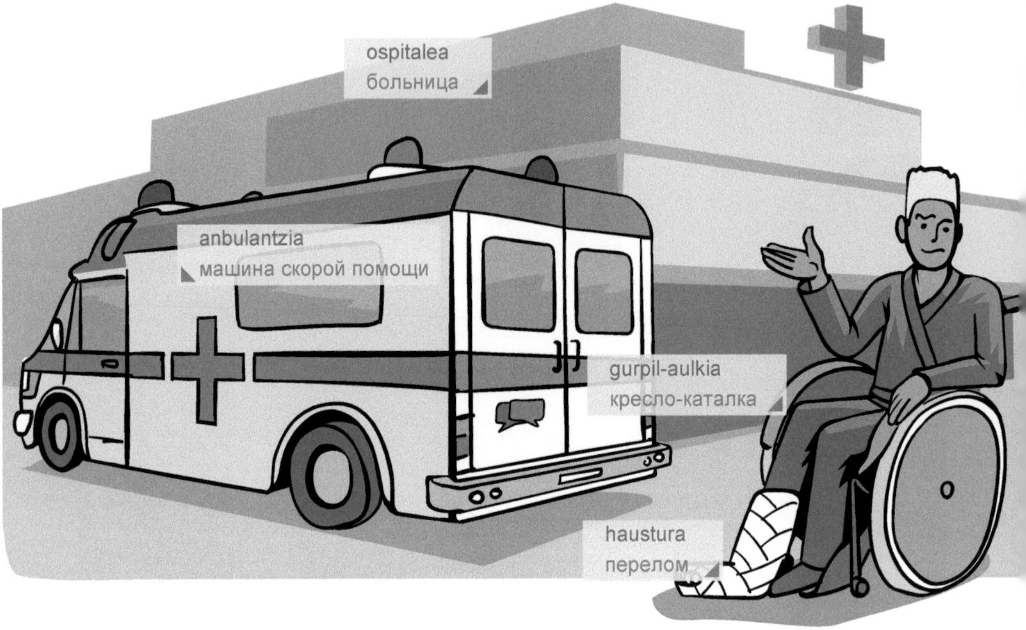

ospitalea
больница

anbulantzia
машина скорой помощи

gurpil-aulkia
кресло-каталка

haustura
перелом

medikua

врач

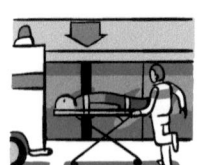

larrialdi gela

пункт первой помощи

erizaina

медсестра

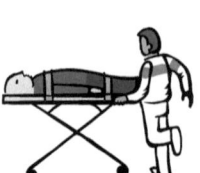

larrialdia

неотложный случай

konorterik gabe

без сознания

mina

боль

lesioa
повреждение

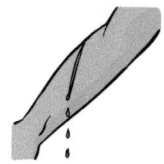

hemorragia
кровотечение

bihotzekoa
инфаркт

iktusa
инсульт

alergia
аллергия

eztula
кашель

sukarra
повышенная температура

gripea
грипп

beherakoa
понос

buruko mina
головная боль

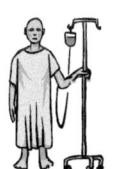

minbizia
рак

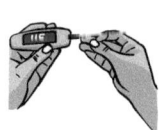

diabetesa
диабет

zirujaua
хирург

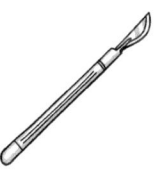

bisturia
скальпель

ebakuntza
операция

ospitalea - больница

OTA
КТ

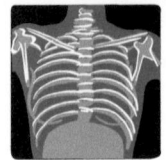
erradiografia
рентген

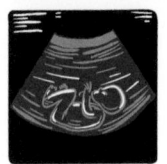
ultrasoinua
ультразвук

maskara
маска

gaixotasuna
болезнь

itxarongela
приёмная

makulua
костыль

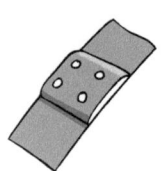
tirita
пластырь

benda
бинт

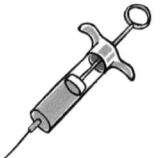
injekzioa
укол

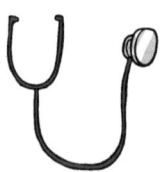
estetoskopioa
стетоскоп

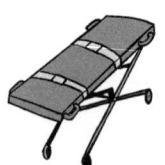
ohatila
носилки

termometro klinikoa
термометр

jaiotza
рождение

gehiegizko pisua
избыточный вес

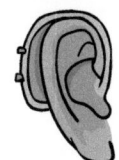

audiofonoa

слуховой аппарат

desinfektatzailea

дезинфекционное средство

infekzioa

инфекция

birusa

вирус

GIB / HIES

ВИЧ / СПИД

sendagaia

лекарство

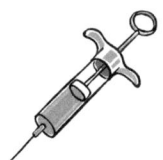

txertoa

прививка

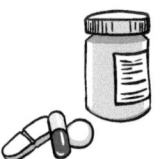

pilulak

таблетки

pilula

противозачаточная таблетка

larrialdi deia

экстренный вызов

tentsiometroa

прибор для измерения кровяного давления

gaixo / osasuntsu

больной / здоровый

ospitalea - больница

# larrialdia
## неотложный случай

Laguntza!
Помогите!

alarma
сигнал тревоги

lapurreta
нападение

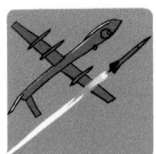
erasoa
атака

arriskua
опасность

larrialdietarako irteera
запасной выход

itzaltzailea
огнетушитель

istripua
несчастный случай

lehen laguntzarako botikina
аптечка

SOS
SOS

polizia
милиция

# lurra
## земля

Europa

Европа

Ipar Amerika

Северная Америка

Hego Amerika

Южная Америка

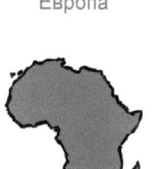

Afrika

Африка

Asia

Азия

Australia

Австралия

Atlantikoa

Атлантический океан

Pazifikoa

Тихий океан

Ozeano Indikoa

Индийский океан

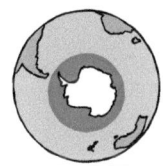

Ozeano Antartikoa

Антарктический океан

Ozeano Artikoa

Северный Ледовитый океан

Ipar poloa

Северный полюс

Hego poloa
Южный полюс

Antartika
Антарктика

lurra
земля

lurra
суша

itsasoa
море

irla
остров

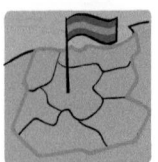

nazioa
нация

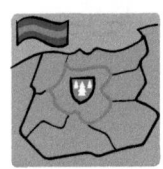

estatua
государство

# erlojua
## часы

erlojuaren esfera

циферблат

ordu-orratza

часовая стрелка

minutu-orratza

минутная стрелка

segundo-orratza

секундная стрелка

Zer ordu da?

Который час?

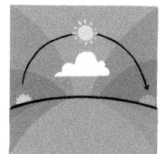

eguna

день

denbora

время

orain

сейчас

erloju digitala

электронные часы

minutua

минута

ordua

час

# astea
## неделя

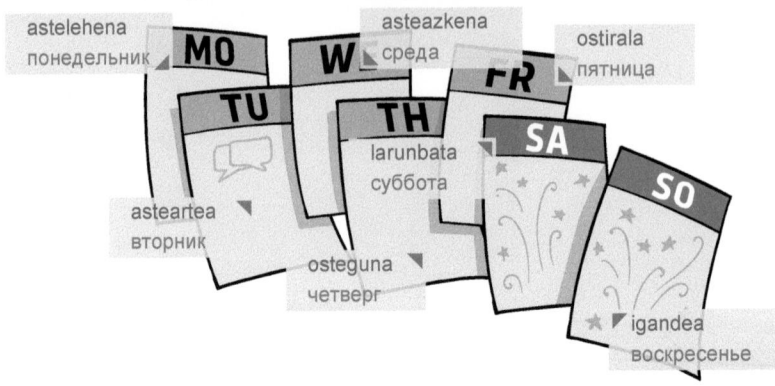

astelehena — понедельник
asteartea — вторник
asteazkena — среда
osteguna — четверг
ostirala — пятница
larunbata — суббота
igandea — воскресенье

atzo
вчера

gaur
сегодня

bihar
завтра

goiza
утро

eguerdia
полдень

arratsaldea
вечер

laneguna
рабочие дни

asteburua
выходные

# urtea

# год

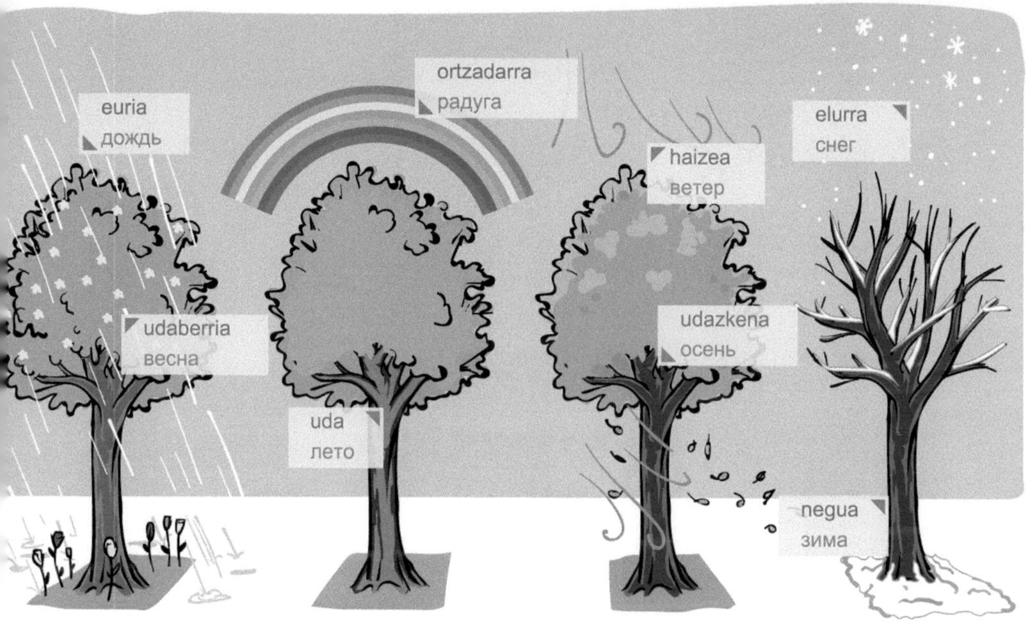

euria
дождь
ortzadarra
радуга
haizea
ветер
elurra
снег
udaberria
весна
udazkena
осень
uda
лето
negua
зима

4.APRIL 11°
5.APRIL 4°
6.APRIL 13°
7.APRIL 8°
8.APRIL 10°

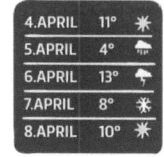

eguraldiaren iragarpena

прогноз погоды

F C
120 90 60 30 0 -30
40 30 20 10 0 -10 -20

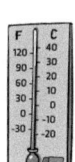

termometroa

термометр

eguzkia

солнечный свет

hodeia

туча

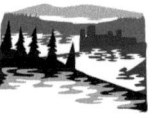

lainoa

туман

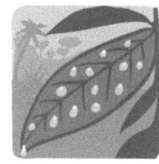

hezetasuna

влажность воздуха

tximista
молния

trumoia
гром

ekaitza
буря

kazkabarra
град

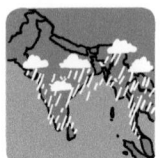
montzoia
муссон

uholdea
наводнение

izotza
лёд

urtarrila
январь

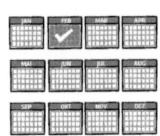
otsaila
февраль

martxoa
март

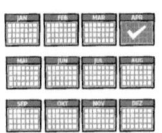
apirila
апрель

maiatza
май

ekaina
июнь

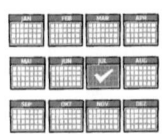
uztaila
июль

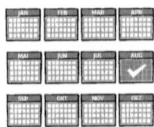
abuztua
август

urtea - год

iraila
сентябрь

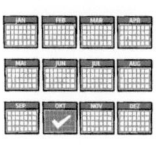
urria
октябрь

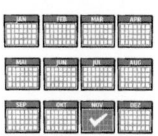
azaroa
ноябрь

abendua
декабрь

# formak
# формы

zirkulua
круг

karratua
квадрат

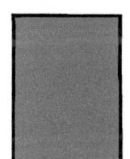
laukizuzena
прямоугольник

hirukia
треугольник

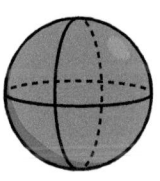
esfera
шар

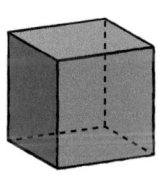
kuboa
куб

# koloreak
## цвета

zuria

белый

horia

желтый

laranja

оранжевый

arrosa

розовый

gorria

красный

morea

лиловый

urdina

синий

berdea

зелёный

marroia

коричневый

grisa

серый

beltza

черный

# aurkakoak
## противоположности

asko / gutxi     haserre / lasai     ederra / itsusia
много / мало     яростный / мирный     красивый / уродливый

hasiera / bukaera     handia / txikia     argia/iluna
начало / конец     большой / маленький     светлый / темный

anaia / arreba     garbi / zikin     oso / osatu gabeko
брат / сестра     чистый / грязный     полный / неполный

eguna/gaua     hilik/bizirik     zabal / estu
день / ночь     мёртвый / живой     широкий / узкий

jangarri/jangaitz

съедобный / несъедобный

gaizto / on

злой / дружелюбный

hunkituta / aspertuta

взволнованный / скучающий

lodi / argal

толстый / худой

lehen / azken

сначала / в конце

laguna / etsaia

друг / враг

beteta / hutsik

полный / пустой

gogor / bigun

твёрдый / мягкий

astun / arin

тяжёлый / легкий

gosea / egarria

голод / жажда

gaixo / osasuntsu

больной / здоровый

ilegal / legal

незаконный / законный

burutsu / ergel

умный / глупый

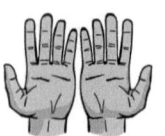

ezker / eskuin

слева / справа

gertu / urrun

близко / далеко

berri / erabili

новый / подержанный

ezer ez / zerbait

ничто / нечто

zahar / gazte

старый / молодой

piztuta / itzalita

включено / выключено

irekita / itxita

открыто / закрыто

isil / ozen

тихо / громко

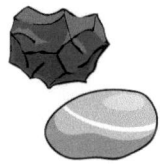

aberats / pobre

богатый / бедный

zuzen / oker

правильный / неправильный

zakar / leun

шероховатый / гладкий

triste / pozik

печальный / счастливый

laburra / luzea

короткий / длинный

motel / azkar

медленный / быстрый

busti / lehor

мокрый / сухой

bero / hotz

тёплый / прохладный

gerra / bakea

война / мир

aurkakoak - противоположности

# zenbakiak
# цифры

**0** — zero — ноль

**1** — bat — один

**2** — bi — два

**3** — hiru — три

**4** — lau — четыре

**5** — bost — пять

**6** — sei — шесть

**7** — zazpi — семь

**8** — zortzi — восемь

**9** — bederatzi — девять

**10** — hamar — десять

**11** — hamaika — одиннадцать

| | | |
|---|---|---|
| **12** hamabi — двенадцать | **13** hamairu — тринадцать | **14** hamalau — четырнадцать |
| **15** hamabost — пятнадцать | **16** hamasei — шестнадцать | **17** hamazazpi — семнадцать |
| **18** hemezortzi — восемнадцать | **19** hemeretzi — девятнадцать | **20** hogei — двадцать |
| **100** ehun — сто | **1.000** mila — тысяча | **1.000.000** milioi — миллион |

zenbakiak - цифры

# hizkuntzak
## языки

Ingelesa

английский

Amerikar Ingelesa

американский английский

Mandarin Txinera

мандаринский китайский

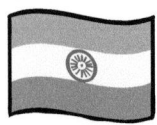

Hindia

хинди

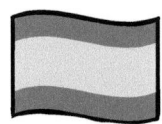

Gaztelania

испанский

Frantsesa

французский

Arabiera

арабский

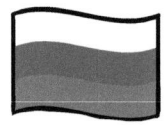

Errusiera

русский

Portugalera

португальский

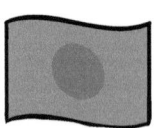

Bengalera

бенгальский

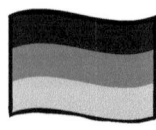

Alemana

немецкий

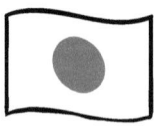

Japoniera

японский

# nor / zer / nola
## кто / что / как

ni
я

zu
ты

hura
он / она / оно

gu
мы

zuek
вы

haiek
они

nor?
кто?

zer?
что?

nola?
как?

non?
где?

noiz?
когда?

izena
имя

# non
## где

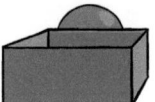

atzean
за

n
в

aurrean
перед

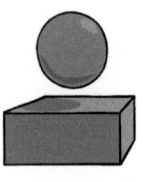

gainetik
над

gainean
на

azpian
под

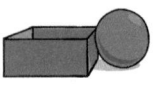

ondoan
рядом

artean
между

leku
место